# Min tosprogede billedbog

## Il mio libro illustrato bilingue

Sefas smukkeste børnefortællinger i ét bind

Ulrich Renz • Barbara Brinkmann:

**Sov godt, lille ulv · Dormi bene, piccolo lupo**

Alder: fra 2 år

Cornelia Haas • Ulrich Renz:

**Min allersmukkeste drøm · Il mio più bel sogno**

Alder: fra 2 år

Ulrich Renz • Marc Robitzky:

**De vilde svaner · I cigni selvatici**

Efter et eventyr af Hans Christian Andersen

Alder: fra 5 år

© 2024 by Sefa Verlag Kirsten Bödeker, Lübeck, Germany. www.sefa-verlag.de

Special thanks to Paul Bödeker, Freiburg, Germany

All rights reserved.

ISBN: 9783756304028

Læs · Lyt · Forstå

# Sov godt, lille ulv
# Dormi bene, piccolo lupo

Ulrich Renz / Barbara Brinkmann

dansk — tosproget — italiensk

Oversættelse:

Michael Schultz (dansk)

Margherita Haase (italiensk)

Lydbog og video:

www.sefa-bilingual.com/bonus

Gratis adgang med koden:

dansk: **LWDA1310**

italiensk: **LWIT1829**

Godnat, Tim! Vi leder videre i morgen.
Sov nu godt!

Buona notte, Tim! Domani continuiamo a cercare.
Adesso però dormi bene!

Udenfor er det allerede mørkt.

Fuori è già buio.

Hvad laver Tim nu der?

Ma cosa fa Tim?

Han går ud til legepladsen.
Hvad leder han efter?

Va al parco giochi.
Che cosa sta cercando?

Den lille ulv!

Uden den kan han ikke sove.

Il piccolo lupo.

Senza di lui non riesce a dormire.

Hvem kommer der?

Ma chi sta arrivando?

Marie! Hun leder efter sin bold.

Marie! Lei sta cercando la sua palla.

Og hvad leder Tobi efter?

E Tobi cosa cerca?

Sin gravemaskine.

La sua ruspa.

Og hvad leder Nala efter?

E cosa cerca Nala?

Sin dukke.

La sua bambola.

Skulle børnene ikke være i seng?
Katten undrer sig.

Ma i bambini non devono andare a letto?
Il gatto si meraviglia.

Hvem kommer nu?

E adesso chi sta arrivando?

Tims mor og far!
Uden deres Tim kan de ikke sove.

La mamma e il papà di Tim.
Senza il loro Tim non riescono a dormire.

Og dér kommer der endnu flere! Maries far.
Tobis bedstefar. Og Nalas mor.

Ed ecco che arrivano anche altri!
Il papà di Marie. Il nonno di Tobi. E la mamma di Nala.

Men nu hurtigt i seng!

Ma adesso svelti a letto!

Godnat, Tim!

I morgen behøver vi ikke at lede mere.

Buona notte, Tim!

Domani non dobbiamo più cercare.

Sov godt, lille ulv!

Dormi bene, piccolo lupo!

Cornelia Haas • Ulrich Renz

# Min allersmukkeste drøm

## Il mio più bel sogno

Oversættelse:

Pia Schmidt (dansk)

Clara Galeati (italiensk)

Lydbog og video:

**www.sefa-bilingual.com/bonus**

Gratis adgang med koden:

dansk: **BDDA1310**

italiensk: **BDIT1829**

# Min allersmukkeste drøm
# Il mio più bel sogno

Cornelia Haas · Ulrich Renz

dansk — tosproget — italiensk

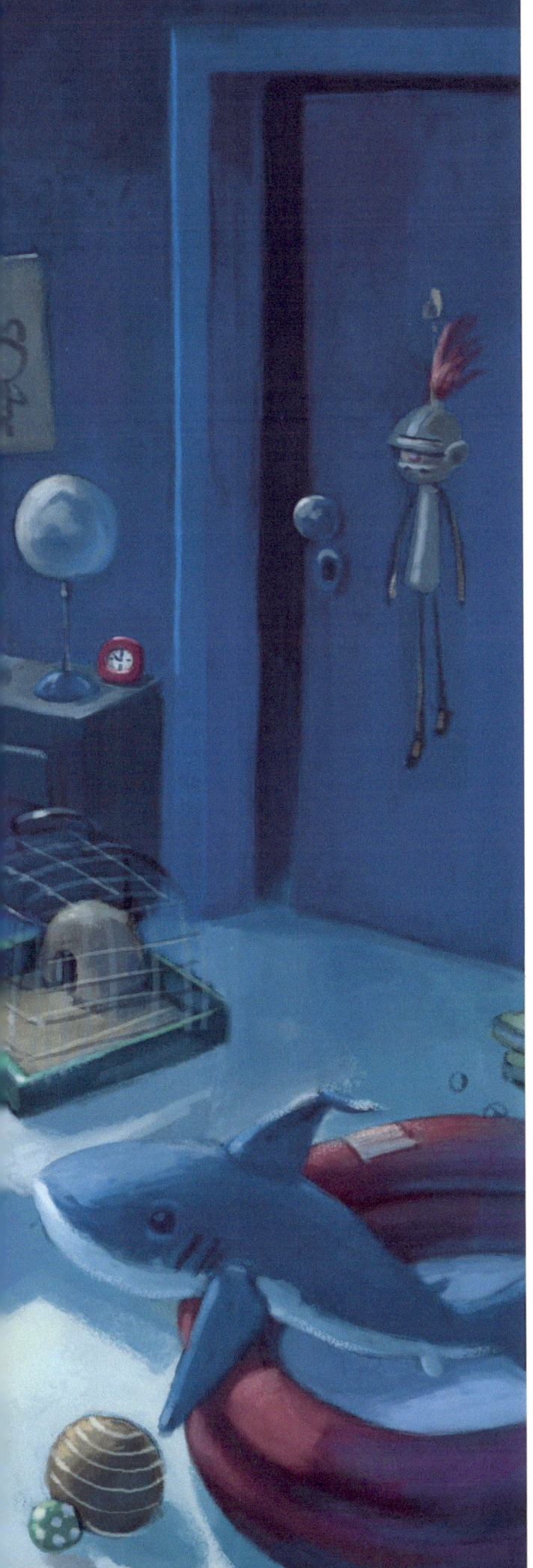

Lulu kan ikke falde i søvn. Alle de andre drømmer allerede – hajen, elefanten, den lille mus, dragen, kænguruen, ridderen, aben, piloten. Og løveungen. Også bamsen kan næsten ikke holde sine øjne åbne ...

Tager du mig med i din drøm, bamse?

**Lulù non riesce ad addormentarsi. Tutti gli altri stanno già sognando – lo squalo, l'elefante, il topolino, il drago, il canguro, il cavaliere, la scimmia, il pilota. E il leoncino. Anche all'orso stanno crollando gli occhi ...**

**Ehi orso, mi porti con te nel tuo sogno?**

Og så er Lulu i bamsernes drømmeland. Bamsen fanger fisk i Tagayumisøen. Og Lulu undrer sig over, hvem der bor deroppe i træerne? Da drømmen er slut, vil Lulu opleve endnu mere. Kom med, vi skal på besøg hos hajen! Hvad den mon drømmer?

E così Lulù è già nel paese dei sogni degli orsi. L'orso cattura pesci nel lago Tagayumi. E Lulù si chiede chi potrebbe mai vivere là su quegli alberi? Quando il sogno è finito, Lulù vuole provare qualcos'altro. Vieni, andiamo a trovare lo squalo! Che cosa starà sognando?

Hajen leger tagfat med fiskene. Endelig har den fået venner! De er ikke bange for dens skarpe tænder.

Da drømmen er slut, vil Lulu opleve endnu mere. Kom med, vi skal på besøg hos elefanten! Hvad den mon drømmer?

Lo squalo sta giocando ad acchiapparella con i pesci. Finalmente ha degli amici! Nessuno ha paura dei suoi denti aguzzi.
Quando il sogno è finito, Lulù vuole provare qualcos'altro. Venite, andiamo a trovare l'elefante! Che cosa starà sognando?

Elefanten er let som en fjer og kan flyve! Om lidt lander den på en himmelsk blomstereng.

Da drømmen er slut, vil Lulu opleve endnu mere. Kom med, vi skal på besøg hos den lille mus! Hvad den mon drømmer?

L'elefante è leggero come una piuma e può volare! Sta per atterrare sul prato celeste.
Quando il sogno è finito, Lulù vuole provare qualcos'altro. Venite, andiamo a trovare il topolino! Che cosa starà sognando?

Den lille mus besøger Tivoli. Den kan bedst lide rutsjebanen.
Da drømmen er slut, vil Lulu opleve endnu mere. Kom med, vi skal på besøg hos dragen! Hvad den mon drømmer?

Il topolino sta guardando la fiera. Gli piacciono particolarmente le montagne russe.
Quando il sogno è finito, Lulù vuole provare qualcos'altro. Venite, andiamo a trovare il drago! Che cosa starà sognando?

Dragen er blevet helt tørstig af at spy ild. Den vil helst drikke hele limonadesøen.

Da drømmen er slut, vil Lulu opleve endnu mere. Kom med, vi skal på besøg hos kænguruen! Hvad den mon drømmer?

Il drago, a furia di sputare fuoco, ha sete. Gli piacerebbe bersi l'intero lago di limonata.

Quando il sogno è finito, Lulù vuole provare qualcos'altro. Venite, andiamo a trovare il canguro! Che cosa starà sognando?

Kænguruen hopper rundt i slikfabrikken og fylder sin pung helt op. Endnu flere blå bolsjer! Og flere slikkepinde! Og chokolade!

Da drømmen er slut, vil Lulu opleve endnu mere. Kom med, vi skal på besøg hos ridderen! Hvad han mon drømmer?

Il canguro sta saltando nella fabbrica di dolciumi e si riempe il marsupio.
Ancora caramelle blu! E ancora lecca-lecca! E cioccolata!
Quando il sogno è finito, Lulù vuole provare qualcos'altro. Venite, andiamo a trovare il cavaliere! Che cosa starà sognando?

Ridderen leger lagkagekast med sin drømmeprinsesse. Åh! Lagkagen rammer ved siden af!

Da drømmen er slut, vil Lulu opleve endnu mere. Kom med, vi skal på besøg hos aben! Hvad den mon drømmer?

Il cavaliere sta facendo una battaglia di torte con la principessa dei suoi sogni. Oh! La torta alla panna va nella direzione sbagliata!
Quando il sogno è finito, Lulù vuole provare qualcos'altro. Venite, andiamo a trovare la scimmia! Che cosa starà sognando?

Endelig har det sneet i abeland! Hele abebanden er ude og laver abestreger.

Da drømmen er slut, vil Lulu opleve endnu mere. Kom med, vi skal på besøg hos piloten! I hvilken drøm er han mon landet?

Finalmente ha nevicato in Scimmialandia! L'intera combriccola di scimmie non sta più nella pelle e si comportano tutte come in una gabbia di matti. Quando il sogno è finito, Lulù vuole provare qualcos'altro. Venite, andiamo a trovare il pilota! In che sogno potrebbe essere atterrato?

Piloten flyver og flyver. Lige til verdens ende og videre helt op til stjernerne. Det er der ikke nogen pilot der har gjort før.
Da drømmen er slut, er alle blevet meget trætte og vil slet ikke opleve så meget mere. Men de vil nu gerne besøge løveungen. Hvad den mon drømmer?

Il pilota vola e vola ancora. Fino ai confini della terra e ancora più lontano, fino alle stelle. Non ce l'ha fatta nessun altro pilota.
Quando il sogno è finito, sono già tutti molto stanchi e non vogliono più continuare a provare così tanto. Però il leoncino, vogliono ancora andare a trovarlo. Che cosa starà sognando?

Løveungen har hjemve og vil tilbage til sin bløde og varme seng.
Og det vil de andre også.

Og så begynder ...

Il leoncino ha nostalgia di casa e vuole tornare nel caldo, accogliente letto.
E gli altri pure.

E là inizia …

... Lulus
allersmukkeste drøm.

... il più bel sogno
di Lulù.

Ulrich Renz • Marc Robitzky

# De vilde svaner
## I cigni selvatici

Oversættelse:

Pia Schmidt (dansk)

Emanuele Cattani, Clara Galeati (italiensk)

Lydbog og video:

www.sefa-bilingual.com/bonus

Gratis adgang med koden:

dansk: **WSDA1310**

italiensk: **WSIT1829**

Ulrich Renz · Marc Robitzky

# De vilde svaner

# I cigni selvatici

Efter et eventyr af

# Hans Christian Andersen

dansk · tosproget · italiensk

Der var engang tolv kongebørn – elleve brødre og deres storesøster, Elisa. De levede lykkeligt på et smukt slot.

C'erano una volta dodici figli di un re – undici fratelli ed una sorella più grande, Elisa. Vivevano felici in un bellissimo castello.

Men en dag døde deres mor, og nogen tid senere giftede kongen sig igen. Den nye dronning var dog en ond heks. Hun fortryllede de elleve prinser, så de blev til svaner, og sendte dem langt bort til et fjernt land på den anden side af skoven.

Un giorno la madre morì, e poco tempo dopo il re si risposò. La nuova moglie però era una strega cattiva. Con un incantesimo, trasformò gli undici principi in cigni e li mandò molto lontano, in un Paese al di là della grande foresta.

Pigen klædte hun i laset tøj, og hendes ansigt smurte hun ind i en hæslig salve. Ikke engang hendes far kunne kende sin egen datter igen, og han jog hende bort fra slottet. Elisa løb ind i den mørke skov.

Vestì la ragazza di stracci e le spalmò sul volto un orribile unguento, tanto che nemmeno il padre riuscì più a riconoscerla e la cacciò dal castello. Elisa corse nella foresta tenebrosa.

Nu var hun helt alene, og hun savnede sine forsvundne brødre af hele sit hjerte. Da det blev aften, redte hun sig en seng af mos under træerne.

Ora era completamente sola, e desiderava con tutto il cuore rivedere i suoi fratelli scomparsi. Quando venne la sera, si fece un letto di muschio sotto un albero.

Næste morgen kom hun hen til en stille sø og blev helt forskrækket, da hun så sit spejlbillede i vandet. Men da hun havde vasket sig, var hun det smukkeste kongebarn på jorden.

La mattina dopo giunse ad un lago calmo, e rimase sconcertata nel vedere il proprio riflesso nell'acqua. Ma appena si pulì, divenne la più bella principessa sulla faccia della terra.

Mange dage senere nåede hun frem til det store hav. På bølgerne gyngede elleve svanefjer.

Molti giorni dopo, Elisa raggiunse il grande mare. Tra le onde, oscillavano undici piume di cigno.

Da solen gik ned, kunne man høre vingesus i luften og elleve svaner landede på vandet. Elisa genkendte straks sine fortryllede brødre. Men da de talte svanesprog, kunne hun ikke forstå dem.

Quando il sole tramontò, ci fu un fruscio nell'aria, e undici cigni si posarono sull'acqua. Elisa riconobbe immediatamente i propri fratelli stregati. Ma dato che parlavano la lingua dei cigni, lei non li poté capire.

Om dagen fløj svanerne bort, om natten lå de tolv søskende i en hule og klyngede sig til hinanden.

En nat havde Elisa en forunderlig drøm: Hendes mor fortalte hende, hvordan hun kunne forløse sine brødre. Hun skulle strikke en skjorte af brændenælder til hver svane og kaste skjorten over svanen. Men indtil da måtte hun ikke sige et ord, ellers ville hendes brødre dø.
Elisa gik straks i gang med arbejdet. Selv om hendes hænder sved som ild, strikkede hun ihærdigt videre.

Durante il giorno i cigni volavano via, e la notte si accoccolavano tutti assieme alla sorella in una grotta.

Una notte, Elisa fece uno strano sogno. Sua madre le disse come avrebbe potuto liberare i suoi fratelli. Avrebbe dovuto tessere delle camicie di ortiche per ognuno di loro e poi lanciargliele. Fino a quel momento però, non le era concesso dire una sola parola, altrimenti i suoi fratelli sarebbero morti. Elisa si mise immediatamente al lavoro. Sebbene le mani le bruciassero, continuò a tessere senza stancarsi.

En skønne dag hørte hun jagthorn i det fjerne. En prins kom ridende med sit følge og stod snart foran Elisa. Da deres blikke mødtes, blev de straks forelsket i hinanden.

Un giorno, si sentirono corni da caccia in lontananza. Un principe venne cavalcando con il suo seguito e presto le fu di fronte. Non appena i due si guardarono negli occhi, si innamorarono.

Prinsen løftede Elisa op på sin hest og red hjem til sit slot sammen med hende.

Il principe fece salire Elisa sul cavallo e la condusse al proprio castello.

Den mægtige skatmester var ikke særligt begejstret for den tavse skønheds ankomst. Han havde udset sin egen datter til at blive prinsens brud.

Il potente tesoriere fu tutto fuorché felice dell'arrivo della principessa muta. La propria figlia sarebbe dovuta diventare la sposa del principe.

Elisa havde ikke glemt sine brødre. Hver aften arbejdede hun videre på deres skjorter. En nat gik hun ud til kirkegården, for at hente friske brændenælder. Skatmesteren holdt i hemmelighed øje med hende.

Elisa non si era dimenticata dei suoi fratelli. Ogni sera continuava il suo lavoro sulle camicie. Una notte uscì per andare al cimitero a cogliere delle ortiche fresche. Il tesoriere la osservò di nascosto.

Så snart prinsen tog på jagt igen, fik skatmesteren smidt Elisa i fangehullet. Han påstod, at hun var en heks, som mødtes med andre hekse om natten.

Non appena il principe partì per una battuta di caccia, il tesoriere gettò Elisa nelle segrete. Affermò che fosse una strega che si incontrava con altre streghe durante la notte.

Ved daggry blev Elisa hentet af vagterne. Hun skulle brændes på torvet.

All'alba, Elisa venne presa da delle guardie, per venir poi bruciata nella piazza del mercato.

De var lige nået dertil, da elleve hvide svaner pludseligt kom flyvende. Elisa skyndte sig at kaste en nældeskjorte over hver svane. Med ét stod alle elleve brødre foran hende igen. Kun den mindste bror, hvis skjorte ikke var blevet helt færdigt, beholdt en vinge i stedet for sin arm.

Non appena fu lì, arrivarono undici cigni bianchi volando. Elisa lanciò rapidamente una camicia a ciascuno di loro. Poco dopo, tutti i suoi fratelli si trovarono dinanzi a lei con sembianze umane. Solo il più piccolo, la cui camicia non era stata del tutto completata, mantenne un'ala al posto di un braccio.

De tolv søskende kyssede og krammede hinanden, da prinsen kom tilbage. Endelig kunne Elisa forklare ham alt. Prinsen lod den onde skatmester smide i fangehullet. Så blev der holdt bryllup i syv dage.

Og de levede lykkeligt til deres dages ende.

I fratelli si stavano ancora baciando e abbracciando quando arrivò il principe. Finalmente Elisa gli poté spiegare tutto. Il principe fece rinchiudere il tesoriere malvagio nelle segrete. Dopodiché, si celebrò il matrimonio per sette giorni.

E vissero tutti felici e contenti.

# Hans Christian Andersen

Hans Christian Andersen blev født 1805 i Odense og døde i 1875 i København. Med sine smukke eventyr "Den lille havfrue", "Kejserens nye klæder" eller "Den grimme ælling" blev han verdensberømt. Eventyret "De vilde svaner", blev offentliggjort i 1838. Det er efterfølgende blevet oversat til over hundrede sprog og genfortalt i mange versioner bl.a. til teater, film og musicals.

Barbara Brinkmann blev født 1969 i München og er opvokset i Bayern. Hun har læst til arkitekt i München og arbejder i dag på Technische Universität i München på fakultetet for arkitektur. Ved siden af arbejder hun som selvstændig grafiker, illustrator og forfatter.

Cornelia Haas blev født 1972 i Ichenhausen ved Augsburg (Tyskland). Hun har læst til designer på Fachhochschule Münster. Siden 2001 har hun illustreret børne- og ungdomsbøger og siden 2013 underviser hun i akryl- og digitalt maleri på Fachhochschule Münster.

Marc Robitzky blev født i 1973 og har læst på Technische Kunstschule i Hamborg og Academy of Visual Arts i Frankfurt. Han arbejder freelance som illustrator og kommunikationsdesigner i Aschaffenburg (Tyskland).

Ulrich Renz blev født 1960 i Stuttgart (Tyskland). Han har læst fransk litteratur i Paris og medicin i Lübeck, derefter arbejdede han på et videnskabeligt forlag. I dag er Renz forfatter og skriver fagbøger samt børne- og ungdomsbøger.

# Kan du godt lide at tegne?

Her finder du billeder fra historien som du selv kan farvelægge:

www.sefa-bilingual.com/coloring